Joan Manuel Serrat: poeta cantor

COLECCIÓN
LEGADOS

En *Legados*, cada libro es un viaje íntimo al corazón de una existencia. Biografías reveladoras, memorias conmovedoras, diarios y autobiografías luminosas componen esta colección dedicada a quienes transformaron su tiempo y dejaron una marca indeleble en la historia, el arte, la ciencia o la vida cotidiana.

Aquí se reúnen las voces de quienes vivieron intensamente, pensaron con hondura, sintieron con verdad. Desde grandes personajes públicos hasta figuras anónimas con historias memorables, *Legados* celebra el poder de la experiencia humana cuando se convierte en palabra escrita.

Una colección para los que creen que cada vida bien contada es una lección de coraje, una chispa de inspiración y una forma de eternidad. Porque toda existencia humana merece ser contada. Y recordada.

DULCE MARÍA ALCARAZ

Joan Manuel Serrat: poeta cantor

ALCARAZ
EDICIONES

© Alcaraz Ediciones, 2025
© Dulce María Alcaraz,2025
© Mare Nostrum, 44
46420 – El Perelló
Sueca, Valencia
Teléf.: (+34) 910 46 54 33
e-mail: info@ alcarazediciones.es
https://alcarazediciones.es

I.S.B.N.: 979-13-87586-50-8

Diseño y maquetación: Iván García Molinero
Printed in Spain / Impreso en España

ÍNDICE

PRÓLOGO

La voz que unió el verso y la canción

"Una canción es una emoción compartida", dijo una vez Joan Manuel Serrat. Y en esa fórmula sencilla puede resumirse buena parte de su arte: hacer del verso algo que se canta, y de la música algo que se piensa. Serrat ha sido, por más de medio siglo, la voz que dio cuerpo sonoro a los poemas de los grandes —Machado, Hernández, Benedetti— y, al mismo tiempo, el autor de letras que ya viven en el corazón colectivo como si siempre hubieran existido.

En España y América Latina, su figura escapa a las clasificaciones habituales. No es solo un cantautor, ni un músico, ni un poeta. Es una figura cultural. Un símbolo. Como escribió Mario Benedetti: "Serrat no canta para los oídos: canta para la conciencia". Desde sus inicios en los años sesenta, supo amalgamar lo íntimo con lo político, lo lírico con lo cotidiano. "Mediterráneo", por ejemplo, no es solo una canción: es una geografía sentimental de un país y de una época.

Serrat llegó a musicalizar poemas con una naturalidad desconcertante. Antonio Machado, por ejemplo, revivió para muchos lectores a través de su voz. "Todo pasa y todo queda, pero lo nuestro es pasar, pasar haciendo caminos, caminos sobre la mar" cantó en 1969, en plena dictadura franquista, cuando citar a Machado era casi una declaración política. Ese disco, *Dedicado a Antonio Machado, poeta*, no solo acercó la poesía a miles de personas, sino que marcó un hito en la historia cultural española.

Pocos artistas han logrado tender puentes tan sólidos entre generaciones, ideologías y geografías. Lo expresó muy bien él mismo: "la canción puede ser un vehículo tan digno como la poesía escrita para expresar verdades profundas". Y Serrat ha hecho de ese vehículo una forma de resistencia, de ternura y de memoria.

Nacido en el barrio del Poble-sec de Barcelona, en 1943, Serrat creció en una España quebrada por la guerra y la posguerra. Su padre, anarquista catalán; su madre, aragonesa y profundamente castellana. Desde niño, Serrat vivió en carne propia la tensión de las dos Españas. "En mi casa se hablaba catalán y se pensaba en español", solía decir, una frase que resume sin estridencias la complejidad de su identidad.

La lengua fue siempre en él un lugar de encuentro, nunca de exclusión. En 1968, cuando debía representar a España en Eurovisión con la canción "La, la, la", se negó a cantar en castellano una canción originalmente compuesta en catalán. Su gesto, que le costó la participación, fue una señal de coherencia. No era una proclama separatista, sino una defensa del derecho a cantar en su lengua materna, marginada por el régimen franquista.

Esa tensión entre lo catalán y lo español lo acompañó toda su vida, y no sin polémicas. A veces fue acusado de "traidor" por unos y de "nacionalista" por otros. Pero su respuesta siempre fue clara: "Yo canto en catalán porque es mi lengua, y en castellano porque es la lengua de mi madre". No buscaba dividir, sino reunir. Y sus canciones lo lograron con creces.

Durante la Transición, Serrat fue una voz esencial. Denunció sin ambigüedades los abusos del poder, pero también habló del amor, del paso del tiempo, del miedo a la muerte, de la infancia. Fue, como pocos, un cronista de la vida emocional de un país. En *Cada loco con su tema*, ironizó con humor y lucidez sobre la multiplicidad del mundo moderno. En *Aquellas pequeñas cosas*, enseñó a valorar lo efímero. Y en *Para la libertad*, puso voz a la resistencia.

No es casual que en países tan distantes como Argentina, México o Uruguay, Serrat sea querido como uno más. En plena dictadura argentina, sus discos estaban prohibidos, pero se escuchaban a escondidas. "Decir Serrat era casi una contraseña de libertad", recordaba un exiliado argentino en Barcelona.

Al cabo de décadas de labor, cuando ha anunciado su retiro de los escenarios, su legado permanece más vivo que nunca. No solo por sus canciones, sino por su ejemplo: el de un hombre que supo cantar con belleza sin renunciar al compromiso, que supo habitar dos lenguas sin traicionar ninguna, que hizo de la palabra un acto de amor.

PRIMERA PARTE

Capítulo 1: El hijo del Poble-sec

> "He cantado a lo que he vivido, y he vivido lo que me cantaron.
> En mi calle aprendí a rimar la vida."
>
> *Joan Manuel Serrat*

La infancia de Joan Manuel Serrat transcurre en un escenario profundamente marcado por las heridas de la Guerra Civil (1936-1939). Barcelona, bastión republicano durante el conflicto, sufrió los rigores del castigo franquista con especial dureza. Tras la entrada de las tropas de Franco en la ciudad el 26 de enero de 1939, comenzó una represión sistemática contra todo vestigio catalanista, obrero o disidente. El uso del catalán fue prohibido en espacios públicos, y la cultura catalana —como lengua, como literatura, como identidad— fue empujada al margen.

En este contexto asfixiante nació Joan Manuel Serrat Teresa, en el número 95 de la calle Poeta Cabanyes, en el corazón del barrio del Poble-sec. Un barrio obrero, como su nombre indica, "pueblo seco", sin apenas fuentes de agua, pero rico en humanidad. Allí convivían jornaleros, ferroviarios, modistas, porteros, obreros industriales. Era un mosaico popular, pero también un hervidero cultural informal: canciones en las tabernas, teatros de variedades en el Paral·lel, viejos republicanos que compartían recuerdos clandestinamente. Él recordaba: "En mi barrio no sobraba el pan, pero sí la dignidad. Cada cual tenía un apodo, un oficio y una historia de silencios."

El Poble-sec fue también tierra de supervivencia creativa. No existía la "alta cultura", pero abundaba la cultura popular: la que se canta, se escucha y se hereda. Desde temprana edad, Joan aprendió a oír el mundo como una partitura. Las calles eran su primer pentagrama.

La familia Serrat Teresa era de origen humilde. Su padre, Josep Serrat, era un anarquista afiliado a la CNT, que trabajó como lampista y luego como comerciante ambulante. Durante la guerra luchó del lado republicano, y tras la derrota sufrió la marginación habitual a los "rojos". La figura paterna sería para Serrat una presencia moral constante. "Mi padre no me hablaba de política, pero me enseñaba con su ejemplo", contó en más de una entrevista. "Me enseñó a no callar cuando otros sufrían."

Su madre, Ángeles Teresa, era ama de casa, nacida en Belchite (Zaragoza), uno de los pueblos arrasados durante la guerra. Fue ella quien encarnó el sentido práctico, la ternura y la disciplina cotidiana. "Ella me enseñó a escuchar antes de hablar, y a tener los pies en la tierra aunque soñara con volar." Serrat solía decir que si su padre le había dado la conciencia, su madre le dio el alma.

Ambos le inculcaron valores no negociables: la libertad, la justicia, la compasión. Años más tarde, estos principios se colaron en canciones como *Esos locos bajitos*, *Algo personal* o *Disculpe el señor*.

En casa no había libros, pero sí radio. Aquella radio de lámparas, que funcionaba como oráculo doméstico, le abrió las puertas a la música del mundo. Coplas españolas, tangos argentinos, boleros cubanos, rancheras mexicanas... Todo eso fue entrando sin permiso en el alma del pequeño Joan. Entre los artistas que lo marcaron en su infancia están Concha Piquer, Antonio Molina, Carlos Gardel, Pedro Infante y Jorge Negrete. Más adelante, los Beatles, Brassens, Dylan y Violeta Parra: "La radio era mi ventana. Lo que no veía en mi calle, lo escuchaba allí: otros amores, otras penas, otros mundos."

Sus primeras influencias literarias llegaron algo después, gracias a un maestro de escuela que, de forma clandestina, le prestó libros de poetas proscritos. Antonio Machado fue el primero. "Me emocionó que alguien pudiera escribir con tanta sencillez lo que uno sentía y no sabía decir." También ha señalado: "Todo lo que soy se lo debo a la infancia. Lo que después vino fueron formas de entender aquello que aprendí jugando, escuchando y mirando."

Joan Manuel fue un niño de calle. Como tantos de su generación, vivió más afuera que adentro. Se formó entre juegos improvisados, partidos de fútbol en descampados, zancadas por las escaleras de Montjuïc y charlas con vecinos que contaban la historia a su modo.

En sus canciones futuras resonará siempre ese universo de infancia. *Aquellas pequeñas cosas* es, quizás, su mejor resumen: "Aquellas pequeñas cosas / que nos dejó un tiempo de rosas...". También *Mi niñez*, de su disco con poemas de Miguel Hernández, es una evocación directa: "Jugábamos al esconder la vida / por miedo a que la muerte nos la viera".

El ambiente sonoro del Poble-sec fue decisivo. Desde las habaneras que se escuchaban los domingos en la playa hasta los cantos improvisados de los vendedores ambulantes, todo era música en bruto. Serrat creció con oído fino y memoria musical. Aprendió que la canción popular es un espejo de su gente, y que en una melodía puede caber toda una historia: "Cada calle tenía su banda sonora. La mía era mezcla de coplas, timbres, gritos y el murmullo del tranvía."

El primer contacto con la guitarra fue a los quince años, cuando un amigo le prestó una. Aprendió por su cuenta, sin partituras. Con la guitarra, comenzó a componer versos sencillos, a musicalizar pequeños textos. Ya entonces buscaba contar historias. No imitaba a los cantantes de moda; quería crear algo que hablara desde él mismo y para los suyos.

En 1960 ingresó en la Universidad de Barcelona para estudiar Agronomía. Pero nunca terminaría la carrera. Su destino no estaba en los campos, sino en los escenarios. Empezó a cantar en reuniones universitarias, en peñas, en cafés. Su voz cálida, su acento reconocible, su modo de decir las cosas con ternura y claridad llamaron la atención de inmediato.

En 1965, debutó en Radio Barcelona, en el programa *Radioscope*, dirigido por Salvador Escamilla, que lo presentó como "un noi del Poble-sec amb molt per dir" (un chico del Poble-sec con mucho que decir). Y tenía razón. Aquel muchacho flaco, de voz grave y guitarra tímida, no tardaría en convertirse en una de las voces más profundas y duraderas de la música en lengua española.

Capítulo 2: La formación del artista

"No sabía qué quería ser, pero sí lo que no quería:
una vida sin preguntas ni canciones."

Joan Manuel Serrat

A principios de los años sesenta, Joan Manuel Serrat se encontraba ante el umbral de la vida adulta, con más preguntas que certezas. Hijo de una familia humilde, no podía permitirse el lujo de no estudiar o no trabajar. Como tantos jóvenes de barrios obreros, vivía entre la necesidad de un oficio seguro y la intuición de que su camino iba por otro lado. En 1960 ingresó en la Escuela de Ingeniería Agrónoma de la Universidad de Barcelona. Lo hizo más por consejo familiar que por verdadera vocación. "No me interesaban mucho los cultivos ni los abonos. Pero era una manera de salir del barrio sin dejar de estar en él", contaría con ironía. Aunque asistía a clases, su alma estaba en otra parte. Las aulas universitarias le ofrecieron algo más valioso que los libros: un clima de pensamiento, de rebeldía sorda, de poesía viva.

En esos años de juventud callada comenzó a escribir sus primeros versos. No eran aún canciones, pero sí esbozos de una sensibilidad en busca de forma. Los temas que lo obsesionaban eran la libertad, la muerte, el amor, la memoria. Su primer cuaderno de letras —hoy perdido— contenía "poemas torpes pero necesarios", según él mismo confesó. La escritura era aún un acto íntimo, una necesidad sin destinatario: "Comencé a escribir en secreto, como quien tiene fiebre. No sabía que era música todavía, solo sabía que eran cosas que necesitaba decir."

Fue también una época de introspección, donde el silencio formó parte del aprendizaje. Serrat no fue un joven especialmente extrovertido. Prefería observar. De sus años universitarios conservaría amistades, lecturas fundamentales y la conciencia de que no podía seguir un camino convencional. Esa conciencia, nacida del malestar, fue el verdadero motor de su transformación artística.

La aparición de una guitarra en su vida fue más que una anécdota: fue una epifanía. A los quince años, un amigo le prestó una guitarra y le enseñó algunos acordes básicos. De inmediato, Serrat sintió que ese objeto de madera era mucho más que un instrumento: "Era una forma de decir cosas que no sabía decir de otro modo. La guitarra me dio la palabra."

Sin formación musical académica, aprendió de oído, por imitación, por intuición. Su referencia inicial no fueron los cantautores franceses ni los poetas musicalizados, sino los intérpretes de la canción popular: los rancheros mexicanos, los trovadores cubanos, los cantaores flamencos. Más tarde vendrían Georges Brassens, Atahualpa Yupanqui, Violeta Parra y Bob Dylan, quienes le mostraron que una canción podía ser también una idea, una denuncia, un poema. Relató: "Mi guitarra era mi forma de entender el mundo. No sabía teoría musical, pero sabía escuchar. Y eso, en el fondo, es lo que importa."

En 1963 compuso su primera canción completa. Se titulaba *Una guitarra*. No fue grabada hasta décadas más tarde, pero quedó como símbolo inaugural. Ese año empezó a cantar en pequeñas reuniones, actos universitarios y veladas de amigos. Su repertorio incluía canciones en catalán, en castellano, propias y ajenas. El público reaccionaba con una mezcla de sorpresa y emoción: había algo en su voz —grave, cercana, sin impostura— que conmovía sin artificios.

Poco a poco, la música fue desplazando a la agronomía. Lo académico cedió el paso a lo vocacional. Serrat no tuvo una "revelación" dramática, pero sí una serie de señales que lo empujaron hacia su verdadero destino.

En 1965, cuando participó en el programa *Radioscope* de Radio Barcelona, su vida cambió. El locutor Salvador Escamilla, gran impulsor de la *Nova Cançó*, lo presentó al público como "el noi del Poble-sec que canta como si hablara". Ese mismo año firmó su primer contrato discográfico con Edigsa, un sello comprometido con la cultura catalana.

La *Nova Cançó* era entonces más que un movimiento musical: era una forma de resistencia cultural frente al franquismo. Nacida en los años cincuenta con figuras como Josep Maria Espinàs y Raimon, proponía recuperar el uso público del catalán a través de la música. Serrat se sumó a ella con naturalidad, aunque nunca se encasilló. Desde el principio, defendió su derecho a cantar tanto en catalán como en castellano, algo que algunos sectores no veían con buenos ojos. Ha contado Serrat: "Yo no elegí entre dos lenguas, porque nunca las sentí enemigas. Mi lengua materna era el catalán, pero mi lengua de canciones era también el castellano. ¿Por qué debía elegir si ambas me daban lo que necesitaba?"

El verdadero salto llegó en 1967 con su primer disco en castellano, *La paloma*, que incluía ya canciones propias. Poco después vendrían *Tu nombre me sabe a yerba* (1969) y el legendario *Dedicado a Antonio Machado, poe-*

ta, un álbum que lo consagró no solo como intérprete, sino como mediador entre poesía y canción.

A partir de allí, la historia del artista ya no podría separarse de la historia del país. Serrat, que había empezado escribiendo en silencio y cantando en cafés, se convertía en una voz moral, en un referente, en un símbolo. Pero todo había comenzado con una guitarra prestada, unas dudas persistentes y unas palabras que querían nacer.

Capítulo 3: Canción de juventud

"Cantábamos en catalán no solo por amor a una lengua,
 sino porque no nos dejaban hablarla.
Era una forma de decir: estamos vivos."

Joan Manuel Serrat

A mediados de los años sesenta, Joan Manuel Serrat ya no era un estudiante indeciso ni un aficionado con una guitarra. Se había convertido en una joven promesa con voz propia, con un estilo que desentonaba, precisamente, por su autenticidad. Su primer gran escenario no fue un teatro, sino los micrófonos de Radio Barcelona, en el programa *Radioscope*, dirigido por Salvador Escamilla, quien quedaría prendado de aquel chico del Poble-sec. "Tenía una voz que abrazaba y una manera de decir las cosas que parecía heredada de los viejos poetas de taberna", diría Escamilla años más tarde.

Corría 1965. En una España aún sometida a la censura franquista, Serrat empezó a actuar en pequeños festivales y cafés concierto. Su presencia llamaba la atención: flaco, sobrio, con una guitarra maltratada y una voz que sonaba a conversación íntima. En sus primeros repertorios mezclaba canciones propias en catalán y versiones de autores franceses como Georges Brassens, a quien admiraba profundamente: "Brassens me enseñó que una canción podía tener humor, ternura y carga política sin levantar la voz. Fue un maestro sin saberlo."

Ese mismo año, firmó con el sello Edigsa, comprometido con la cultura catalana. En 1966 lanzó su primer EP: *Una guitarra*. Al año siguiente, publicó su primer álbum en catalán, *Ara que tinc vint anys*, donde ya aparecían varios rasgos que marcarían su estilo: observación de la vida cotidiana, tono confesional, una ternura desprovista de cursilería y un lenguaje cercano.

Sus primeras presentaciones públicas en Cataluña, Baleares y Valencia fueron un éxito creciente. Pero su consagración como voz joven de referencia llegó con el Festival de la Canción Mediterránea en 1967, donde presentó *Tu nombre me sabe a yerba*, ya en castellano. La canción fue un éxito inesperado: poética, simbólica, evocadora. La crítica habló de él como "un poeta del amor sin estridencias". El público, simplemente, se sintió interpelado.

En 1967, Serrat se integró oficialmente a Els Setze Jutges, colectivo musical clave en la historia cultural catalana. Fundado en 1961 por Josep Maria Espinàs y Miquel Porter, el grupo impulsaba una nueva canción en catalán como forma de resistencia a la represión franquista. Cantaban sobre la vida, el amor, la dignidad obrera, pero sobre todo reivindicaban la lengua como vehículo vivo. "Recuperar el catalán en el canto era un acto político, aunque cantáramos sobre amapolas y besos", escribió Espinàs.

Serrat fue el decimoséptimo "juez" del grupo (el número era un juego con el trabalenguas catalán *Setze jutges d'un jutjat mengen fetge d'un penjat*). Su incorporación dotó al movimiento de un nuevo carisma: más joven, más popular, con vocación de cruce cultural. A diferencia de otros compañeros del grupo, Joan Manuel nunca renunció a cantar también en castellano. Esto lo colocó en una posición ambigua: demasiado catalán para el régimen, demasiado "españolista" para los puristas del catalanismo. Pero su postura fue clara: cantar era para él un acto de comunicación, no de militancia cerrada: "Nunca usé una lengua contra otra. Las llevo a las dos en la boca y en el alma."

En un contexto en el que el catalán estaba proscrito en la enseñanza, la administración y los medios, cantarlo en público era un gesto de resistencia. Las canciones de Serrat en catalán no eran políticas en el contenido, pero sí en el hecho mismo de existir. Temas como *Cançó de matinada, Paraules d'amor* o *El drapaire* mostraban una sensibilidad nueva, cotidiana y profunda, alejada tanto de la épica franquista como de la nostalgia derrotista: "La Nova Cançó fue una escuela de dignidad. No éramos héroes, pero sabíamos que cantar ya era decir."

Uno de los momentos clave de su juventud fue la polémica de Eurovisión 1968. Serrat había sido elegido para representar a España con la canción *La, la, la,* escrita por Ramón Arcusa y Manuel de la Calva (El Dúo Dinámico). Pero se negó a cantarla en castellano, exigiendo hacerlo en catalán. La televisión franquista vetó su decisión y lo sustituyó por Massiel, que interpretó el tema y ganó el certamen.

El gesto de Serrat causó un terremoto mediático. Fue tachado de "traidor" por la prensa oficialista, y aclamado por los sectores catalanistas. Pero su gesto no fue un acto separatista ni ideológico: fue, ante todo, un acto de coherencia personal. "No iba a representar a mi país negándome a cantar en mi lengua", dijo entonces. Y lo reiteraría años después: "No era una guerra de banderas, era una cuestión de dignidad".

Este episodio marcó un antes y un después en su relación con el poder. A partir de entonces, Serrat sería vigilado, censurado y, durante algún tiempo, vetado en la radio estatal. Pero también ganaría el respeto de una generación entera. Durante esos años, alternó canciones en catalán y en castellano, consolidando una doble identidad artística. En catalán exploró la ternura íntima (*Paraules d'amor*), la nostalgia urbana (*Cançó de bressol*) o la belleza de lo pequeño (*Me'n vaig a peu*). En castellano, empezó a trabajar en textos más amplios, complejos y literarios.

En 1969 llegó su gran obra fundacional: el disco *Dedicado a Antonio Machado, poeta*, un puente entre canción popular y alta poesía. Pero esa historia merece un capítulo aparte. Afirmó: "Cantar en catalán me dio raíces. Cantar en castellano me dio alas."

SEGUNDA PARTE –
EL POETA DE LA TRANSICIÓN

Capítulo 4: El Mediterráneo como patria lírica

*"Quizá porque mi niñez
sigue jugando en tu playa..."*
Joan Manuel Serrat, Mediterráneo

Estrenada en 1971 dentro del álbum homónimo, *Mediterráneo* no es solo una canción: es una declaración de identidad, un himno no oficial, una de las composiciones más queridas, versionadas y citadas de la historia musical en español. En 2004, fue elegida por la revista *Rockdelux* y Radio 3 como "la mejor canción de la música popular española del siglo XX". Y no es para menos.

Desde los primeros versos, *Mediterráneo* condensa la poética serratiana: melancolía, pertenencia, naturaleza, amor y un lirismo sin afectación. Se trata de una autobiografía emocional, donde el mar no es solo paisaje sino patria del alma. "No soy de ningún país, soy del Mediterráneo", diría Serrat años después. La canción es, en efecto, una geografía del corazón.

El disco fue grabado en Milán, con arreglos del maestro Ricardo Miralles y producción de Juan Carlos Calderón. La sencillez de la melodía contrasta con la riqueza armónica y la carga poética del texto. Es un bolero moderno, una habanera existencial, una nana geográfica. En ella confluyen las raíces catalanas, el lirismo andaluz, el influjo de la copla y la tradición trovadoresca.

"Con *Mediterráneo* descubrí que la patria no está en los mapas, sino en la memoria", afirmó Serrat. Desde el punto de vista literario, la canción posee la estructura de un poema en prosa musicado. Utiliza recursos como la anáfora ("Quizá porque…"), las imágenes sensoriales ("por tu blanca arena", "por tus atardeceres rojos"), la metonimia geográfica ("me hice al mar") y el símbolo final de la muerte como regreso al origen ("que yo nací en el Mediterráneo").

No hay retórica grandilocuente, no hay rima fácil. La emoción nace de la cadencia serena, de la evocación sencilla. La canción no impone: sugiere, recuerda, acompaña: "Yo nunca he escrito para deslumbrar, sino para que quien escuche sienta que eso también le pertenece."

Serrat no canta al mar como postal, sino como esencia. El mar no es fondo: es protagonista. Es libertad, infancia, deseo, destino, tumba. *Mediterráneo* funciona como un espejo donde el yo lírico se ve crecer, partir, amar y morir. "Una canción sobre el mar escrita tierra adentro", bromeó alguna vez. Y sin embargo, su verdad es total.

El Mediterráneo, más allá de su valor geográfico, actúa como símbolo de pertenencia cultural. Reúne en sí lo griego, lo latino, lo árabe, lo sefardí, lo catalán, lo andaluz. Es una madre civilizatoria, un espacio de mestizaje, de luz y contradicciones. En palabras de Serrat: "El Mediterráneo es el lugar donde la cultura se dio un baño de alma".

No es casual que la canción haya calado hondo tanto en Cataluña como en Andalucía, en Italia como en Argentina, en Grecia como en Israel. Cada pueblo costero ha sentido que *Mediterráneo* habla también de su propia infancia. Y es que la canción apela a una memoria común, a una melancolía universal.

"Me gustaría que me enterraran / en la playa de mi pueblo...", canta Serrat. Pero lo que pide no es un lugar físico, sino un modo de ser recordado: con sencillez, con mar, con sol, con verdad.

Han pasado más de cincuenta años desde su estreno, y *Mediterráneo* sigue sonando con la misma fuerza. Ha sido versionada por artis-

.tas tan diversos como Ana Belén, Pasión Vega, Joan Baez, Pablo Milanés, Rozalén o Miguel Ríos. Ha sido recitada en aulas, celebrada en universidades, tarareada en funerales y en bodas. Ha sonado en mítines, en películas, en actos de despedida.

Para muchos, la canción se convirtió en la forma más pura de nostalgia. En tiempos de exilio o lejanía, *Mediterráneo* suena como un hogar portátil. No dice "te extraño", pero sugiere que el pasado es una playa a la que siempre se quiere volver.

"Hay canciones que envejecen. *Mediterráneo* no: madura", dijo el crítico Diego A. Manrique. Y el propio Serrat confesó en una entrevista: "Hay noches en que no puedo cantarla sin emocionarme. Es como volver a mirar un álbum de fotos donde está todo lo que fuiste y aún eres". Y así la siente también su público: no como una canción más, sino como parte de una biografía colectiva.

Si toda gran obra tiene algo de inevitable, de necesaria, de definitiva, *Mediterráneo* es eso: una canción que llegó para quedarse. Que nos dice, en su tono bajo y sereno, que la patria verdadera puede caber en una melodía. Y que a veces, en vez de bandera, basta una ola.

Capítulo 5: Las palabras prestadas: Machado, Hernández y otros

> "A veces uno no necesita escribir sus propias palabras:
> basta con ponerle música a las que ya dijeron lo que uno siente."
>
> *Joan Manuel Serrat*

Joan Manuel Serrat no solo ha sido un gran creador de letras, sino también un lector fervoroso y sensible. Desde joven, la poesía lo acompañó como una brújula estética y moral. No fue lector de poetas difíciles, herméticos o abstractos. Sus referencias han sido los poetas de carne y hueso, los que "hablan al corazón sin rodeos". Y entre ellos, dos ocuparon un lugar central: Antonio Machado y Miguel Hernández: "Yo llegué a Machado no por los libros, sino por las historias que me contaban los maestros represaliados que había en mi barrio."

Serrat leía con oído, como músico, como artesano de la palabra. Siempre dijo que no musicalizaba poemas por obligación cultural ni por prestigio, sino por afinidad espiritual. "Cuando un verso se parece a lo que uno querría decir, lo único que puede hacer es cantarlo." Su selección de textos nunca fue académica: ha sido emocional, intuitiva.

Escogía versos que vibraban en su memoria, que dialogaban con sus propias vivencias, que pedían una segunda vida cantada.

En 1969, en plena dictadura franquista, Serrat lanzó un disco que marcaría un hito cultural: *Dedicado a Antonio Machado, poeta.* No era un simple homenaje. Era una apuesta arriesgada y profundamente política. Antonio Machado, exiliado, republicano, muerto en Collioure en 1939 con "tres pesetas en el bolsillo y un verso en el alma", representaba la España derrotada, silenciada, pero nunca rendida: "Machado era todo lo que el franquismo quiso borrar. Por eso, cantarlo era, en sí mismo, un acto de reparación."

El disco incluía versiones musicadas de poemas emblemáticos como *Cantares, Retrato, La saeta, Del pasado efímero,* entre otros. Fue grabado con el sello Zafiro/Novola y arreglado musicalmente por Ricard Miralles, que sería ya desde entonces colaborador inseparable de Serrat. La sensibilidad musical, que respetaba el tono sereno y meditativo de Machado, evitaba cualquier pomposidad o exceso.

Uno de los temas más célebres, *Cantares,* popularizó para siempre unos versos que ya eran memorables: "Caminante, no hay camino, / se hace camino al andar."

La elección no fue ingenua. En 1969 España estaba inmersa en una lenta agonía del régimen. Franco aún vivía, pero la sociedad empezaba a resquebrajar el miedo. Cantar a Machado, sin cambiar una coma, era recuperar la memoria de una España digna. Fue uno de los primeros discos donde la poesía dejó de ser un acto solitario para convertirse en un fenómeno popular.

El impacto fue enorme. En muy poco tiempo, el disco vendió más de 100.000 copias, algo inaudito para un trabajo que no contenía una sola canción "romántica" ni "comercial". Jóvenes que nunca habían leído un poema comenzaron a recitar versos de Machado. Profesores usaban las canciones en clase. Las radios pasaban los temas, aunque con cautela. Serrat había logrado algo raro: volver popular la alta poesía sin vulgarizarla: "Lo más hermoso fue que muchos descubrieron a Machado no como un poeta muerto, sino como alguien que aún tenía cosas que decir."

El disco fue además una forma de tender un puente entre la música popular y la tradición literaria. Demostraba que no había que elegir entre lo culto y lo sencillo, entre lo clásico y lo actual. La poesía, si es verdadera, puede ser cantada. Y la canción, si está bien hecha, puede ser literatura.

Una década después, en 1972, Joan Manuel Serrat volvió a la poesía con otro disco antológico: *Miguel Hernández*. Si Machado era el poeta del "dolor sereno", Hernández era el del grito roto. Nacido en Orihuela, cabrero, autodidacta, comunista, encarcelado y muerto de tuberculosis en prisión en 1942, Hernández representaba al pueblo llano, al hombre herido, al poeta que sangra. De él dijo: "Miguel Hernández no solo escribió con palabras: escribió con hambre, con amor, con rabia."

El disco fue aún más comprometido. Incluía poemas como *Llegó con tres heridas, Nanas de la cebolla, Para la libertad* o *Elegía a Ramón Sijé*, musicalizados con respeto, pero también con intensidad dramática. Las composiciones eran más sobrias, a veces desgarradas, con un tono que oscilaba entre la ternura y la denuncia.

Para la libertad se convirtió en un himno no oficial de los movimientos democráticos, especialmente tras la muerte de Franco. En sus versos, Hernández hablaba desde la prisión, desde la enfermedad, desde la esperanza: "Para la libertad sangro, lucho, pervivo. / Para la libertad, mis ojos y mis manos..."

El tema fue adoptado por estudiantes, sindicalistas, exiliados. Pero más allá del uso político, el disco fue también un testamento de sensibilidad. *Nanas de la cebolla*, escrito por Hernández desde la cárcel al saber que su hijo solo comía pan y cebolla, se convirtió en una de las interpretaciones más conmovedoras de Serrat. "No hay dolor más puro que el de un padre sin recursos que canta a su hijo para que no llore. Eso lo entendí al grabar esa canción, y nunca más pude cantarla sin estremecerme."

El disco no tuvo el mismo éxito comercial que el dedicado a Machado, pero fue fundamental para consolidar el perfil de Serrat como cantor de la poesía comprometida. Había una coherencia en su camino: cantar a los poetas que la dictadura había querido borrar, devolverles su lugar en la memoria colectiva.

Además de Machado y Hernández, Serrat musicalizaría en años posteriores a poetas como Mario Benedetti, Eduardo Galeano, Rafael Alberti, Luis Cernuda o León Felipe. Todos ellos compartían una misma raíz: la defensa del ser humano, la dignidad, el dolor hecho palabra.

"Yo no tengo ideología, tengo principios. Y esos principios se parecen mucho a los que defendían esos poetas", ha declarado.

Capítulo 6: Música, exilio y dictadura

"Nunca me sentí más libre que cuando dije que no."

Joan Manuel Serrat

En 1968, Joan Manuel Serrat fue elegido por Televisión Española para representar a España en el Festival de Eurovisión, una plataforma musical de gran impacto mediático en el continente. El tema seleccionado era *La, la, la*, una canción ligera, compuesta por Ramón Arcusa y Manuel de la Calva, del Dúo Dinámico, y pensada como un éxito melódico internacional.

La elección de Serrat parecía ideal: joven, popular, con buena imagen. Pero todo cambió cuando el artista exigió cantar la canción en catalán, lengua en la que había sido concebida originalmente. "Yo estaba dispuesto a representar a España, pero con mi lengua. Era una cuestión de coherencia, no de provocación", explicaría más tarde.

La reacción del régimen franquista fue inmediata y contundente: vetaron la propuesta, sustituyeron a Serrat por Massiel, que interpretó el tema en castellano y, paradójicamente, ganó el concurso. La victoria, sin embargo, quedó marcada por la polémica y la renuncia. "No fui a Eurovisión, pero gané otra cosa: el respeto de mucha gente que pensaba que no se podía decir no. Se podía."

La prensa oficialista lo atacó con virulencia. Algunos medios lo acusaron de "insolidario", "desleal" y "provinciano". En realidad, lo que Serrat estaba haciendo era plantar cara al autoritarismo lingüístico y defender la pluralidad cultural de un país uniformado a la fuerza. Su gesto fue uno de los primeros actos públicos de dignificación del catalán desde los años treinta. "No era un acto político. Era un acto poético", diría él, con ironía y verdad.

A partir de entonces, Serrat fue observado de cerca por la censura. Algunas de sus canciones fueron tachadas de "inadecuadas" o "subversivas". *La paloma*, por ejemplo, fue interpretada como una metáfora de la libertad herida. Otras, como *Penélope* o *Señora*, eran vistas con recelo por su tono crítico y su contenido simbólico. La censura franquista no solo cortaba versos: interpretaba intenciones.

En 1974, con el franquismo aún intacto, Serrat grabó el disco ...*Para piel de manzana*, que incluía temas que hablaban de desigualdad, alienación y vacío social. Ese mismo año, viajó a América Latina y comenzó una gira que lo llevaría a Chile, Argentina, México, Uruguay y Venezuela. En aquellos países, el nombre de Serrat ya era sinónimo de canción con conciencia.

Pero su popularidad no agradaba a todos los poderes. En Chile, el régimen de Augusto Pinochet prohibió la difusión de sus discos tras el golpe de Estado de 1973. En Argentina, bajo la dictadura de Videla, sus canciones fueron censuradas por "contenido ideológico contrario a los valores occidentales". La policía allanó emisoras que lo transmitían y requisó ejemplares de *Miguel Hernández*. A pesar de eso, su música circulaba en casetes piratas, en encuentros clandestinos, en casas donde la libertad aún encontraba escondites. "En esos años, cantar era arriesgar. Pero el verdadero riesgo era callarse."

En 1975, mientras visitaba México, Serrat concedió una entrevista al periódico *Excélsior* en la que criticó abiertamente al régimen de Franco, la represión cultural y la falta de libertades. Esa entrevista provocó una orden de detención en su contra y la imposibilidad de regresar a España durante varios meses. El gobierno franquista consideró sus palabras una ofensa y un "acto de sabotaje contra el prestigio internacional de España".

El exilio de Serrat no fue largo, pero sí simbólicamente profundo. "Exiliarse no es solo dejar un lugar, es sentir que uno ya no puede cantar con normalidad en su propia casa." Vivió entre México, Francia y América del Sur. Y siguió cantando. Sus conciertos se llenaban de exiliados, de estudiantes, de familias enteras que veían en él una voz de dignidad.

La muerte de Franco en noviembre de 1975 abrió una nueva etapa en la historia española: la Transición democrática. En ese proceso, Serrat jugó un papel crucial, aunque no partidista. Su regreso a España, a principios de 1976, fue recibido con entusiasmo popular y cobertura mediática. "Volví sin banderas, sin pancartas, con las mismas canciones. No tenía nada que explicar: solo cantar."

Ese año ofreció varios conciertos multitudinarios, especialmente en Barcelona y Madrid, donde fue recibido como una figura reconciliadora. No como héroe, sino como alguien que había hablado claro cuando otros callaban. Fue una especie de regreso del hijo que había dicho la verdad y ahora traía música para reconstruir.

Durante los años siguientes, participó en actos públicos a favor de la amnistía, los derechos humanos, la memoria histórica. Pero siempre desde su lugar de cantor, sin militancia explícita. "No soy político. Soy ciudadano. Y mis canciones hablan desde ahí." Su figura se convirtió en un puente: entre generaciones, entre lenguas, entre regiones, entre heridas abiertas. En 1977, cuando se legalizaron los partidos políticos, muchos utilizaron sus canciones como banda sonora emocional de la nueva España. No eran himnos oficiales, pero sí eran verdad compartida.

"Cuando uno ha cantado en el exilio y regresa a su casa, no lo hace para celebrar el poder. Lo hace para abrazar a los suyos." Hoy, aquel gesto de negarse a Eurovisión, aquellas palabras críticas en el exilio, aquellas canciones prohibidas, forman parte del imaginario de la transición. Serrat no solo puso música a una época: fue su conciencia. Su voz, a lo largo de esos años oscuros, se convirtió en algo más que melodía: en una forma de resistencia.

TERCERA PARTE –
EL CANTOR DE TODOS

Capítulo 7: La canción como conciencia

> "Uno escribe canciones no para cambiar el mundo,
> sino para que el mundo no te cambie a ti."
>
> *Joan Manuel Serrat*

La obra de Joan Manuel Serrat ha sido, desde sus inicios, una amalgama de temas íntimos y universales. No se puede encasillar en un solo registro: ha cantado al amor, a la muerte, a la infancia, a la injusticia, al paso del tiempo. Sus canciones, incluso las más personales, contienen una dimensión social. Y sus temas más políticos nunca han perdido la ternura.

"No he querido predicar. Solo intento mirar a los ojos y decir lo que me duele o me conmueve." En canciones como *Señora, Disculpe el señor* o *Algo personal*, Serrat aborda temas de poder, clase y desigualdad con ironía y contundencia. *Disculpe el señor*, por ejemplo, es una ácida crítica al clasismo disfrazada de cortesía: "Disculpe el señor / pero este asunto está ahora y siempre en sus manos…"

En *Algo personal*, retrata el cinismo del poder político y mediático con una sonrisa amarga: "Probablemente en su pueblo se les recordará / como cachorros de buenas personas…"

Pero no todo en él es denuncia. El amor ocupa un lugar central, aunque no en su versión idealizada. En Serrat, el amor es carnal, irónico, realista. Canciones como *Lucía*, *Tu nombre me sabe a yerba* o *Es caprichoso el azar* no hablan de princesas ni héroes, sino de vínculos imperfectos, de pasiones que dejan cicatrices y perfumes.

"He querido que mis canciones de amor no fueran de cartón piedra. El amor es bello, pero también es una guerra con treguas." Y entre esos dos polos —la justicia y el deseo— aparecen otros temas: la vejez (*Nanas de la cebolla*, *El carrusel del Furo*), la infancia (*Esos locos bajitos*), el tiempo perdido (*Aquellas pequeñas cosas*), el miedo al olvido (*Hoy puede ser un gran día*). Todo ello conforma un universo donde lo humano es el centro, sin necesidad de consigna ni dogma.

Serrat ha sido, ante todo, un gran observador. En sus canciones habita una galería de personajes que no suelen tener espacio en los discursos oficiales: el obrero que regresa cansado a casa, la mujer que envejece en silencio, el joven que sueña con irse, el mendigo que filosofa en la plaza, el vecino que saluda cada mañana.

"He querido cantar a los invisibles, a los que no salen en los periódicos, a los que hacen que el mundo no se caiga", señaló. En *La mujer que yo quiero*, por ejemplo, pinta un retrato amoroso con una mezcla de realismo y lirismo: "La mujer que yo quiero / no necesita / bañarse cada noche en agua bendita…"

En *Señora*, se atreve a cuestionar los convencionalismos y la doble moral con una estructura casi teatral. En *De cartón piedra*, da voz al deseo no correspondido de un enamorado de un maniquí, con una ternura que bordea la tragedia.

Pueblo blanco, una de sus obras más logradas, es una elegía al mundo rural condenado al olvido. Con versos sobrios y directos, describe un lugar sin futuro, atrapado en su propio pasado: "Los muertos aquí lo pasan bien / y el pueblo no tiene mar…"

Estas canciones no son crónicas políticas ni panfletos. Son retratos. Pero en cada una late la conciencia de clase, la compasión por el que sufre, el respeto por la dignidad anónima. "Me interesa más un zapatero que un presidente. Porque los presidentes se olvidan. Los zapateros nos arreglan la vida."

Serrat nunca quiso ser un líder. Rechazó la idea de "artista comprometido" como categoría cerrada. Para él, el compromiso no está en la pancarta, sino en la mirada. En cantar con verdad. En no escribir para agradar al poder. En decir lo que duele sin gritarlo. "No me gusta la palabra 'panfleto'. La canción no debe imponer ideas, sino abrir ventanas."

A diferencia de otros cantautores de su tiempo —como Paco Ibáñez, Raimon o Víctor Jara—, Serrat optó por la emoción antes que por la consigna. Esto no lo hizo menos político, sino más transversal. Sus canciones no son para la militancia: son para la gente. En tiempos de censura, sus letras sorteaban la vigilancia con inteligencia. En democracia, evitó convertirse en un "artista oficial". Siempre habló desde el margen, desde la ironía, desde la piel. "Lo más revolucionario que se puede hacer a veces es escribir un verso hermoso y honesto."

Su voz, cálida y serena, logró lo que pocos logran: hacer pensar sin dividir, hacer sentir sin manipular. Fue y sigue siendo un espejo donde el pueblo se ve reflejado. No como masa, sino como individuos: cada cual con su dolor, su historia, su memoria.

Aquellas pequeñas cosas, probablemente su canción más citada, es un buen ejemplo: "Uno se cree / que las mató el tiempo y la ausencia... / pero siempre queda algo de ellas..."

No hay ideología más honda que la que defiende el valor de lo pequeño. No hay bandera más alta que la que enarbola la dignidad común. Y en eso, Serrat ha sido siempre maestro.

Capítulo 8: Serrat en América

"En América Latina no fui un visitante: fui un cómplice."

Joan Manuel Serrat

La relación de Joan Manuel Serrat con América Latina no es la de un artista en gira, sino la de un hombre que encontró una segunda casa al otro lado del Atlántico. Desde su primer viaje a Argentina en 1969, su conexión con el continente fue inmediata y mutua: él trajo canciones, y recibió afecto, reconocimiento y una lealtad que ni la distancia ni el tiempo han menguado. "A América Latina le debo la alegría de cantar sin pedir permiso, el consuelo en el exilio, la lección de resistencia."

Durante las décadas de los setenta y ochenta, mientras Europa pasaba de la dictadura a la democracia, América Latina vivía su propio viacrucis político: golpes militares, desapariciones, exilios. En ese contexto, las canciones de Serrat —muchas veces prohibidas por los regímenes autoritarios— se convirtieron en símbolos de dignidad y esperanza. En los casetes clandestinos, en las radios rebeldes, en las guitarras de los jóvenes comprometidos, sonaban *Para la libertad, Vencidos, Lucía, Penélope.*

En Argentina, por ejemplo, sus conciertos fueron verdaderas liturgias laicas. La periodista Leila Guerriero escribió que "Serrat es de esos artistas que no necesitan pasaporte: tienen ciudadanía emocional". En Uruguay, su vínculo con Mario Benedetti fue fraternal: compartían una ética de la palabra sencilla, del compromiso sin estridencia. En México, fue abrazado por el público como una voz hermana, una presencia constante que hablaba con acento propio, pero con emociones comunes.

"Latinoamérica no es un lugar al que se va. Es un lugar del que uno vuelve cambiado." Serrat aprendió a escuchar el continente. Lo observó con respeto, sin paternalismo. "Allí entendí que la canción no es un lujo, sino una necesidad", dijo en una entrevista en Lima. Le cantó a los trabajadores, a los campesinos, a los desaparecidos. Pero también al amor, al humor, al sol que se pone en el Pacífico igual que en el Mediterráneo.

Uno de los vínculos artísticos más entrañables y fecundos fue el que mantuvo con Joaquín Sabina, a quien conoció en los años ochenta y con quien cultivó una complicidad afectiva y musical sin igual. Ambos, con estilos muy distintos —Sabina, el pícaro nocturno; Serrat, el trovador reflexivo— encontraron un territorio común en la ironía, el amor a la palabra y la defensa del canto libre. "Con Sabina me río mucho. Y cuando uno se ríe con alguien, ya está todo dicho."

Su gira conjunta *Dos pájaros de un tiro* (2007) fue un éxito arrollador. Recorrieron España y América Latina como dos viejos juglares que compartían versos, carcajadas y anécdotas. El espectáculo fue más que un concierto: fue una celebración del mestizaje, del cariño compartido entre artista y público.

Pero la fraternidad musical de Serrat no se limitó a Sabina. En América compartió escenarios, cafés y convicciones con Mercedes Sosa, Silvio Rodríguez, Pablo Milanés, Charly García, Víctor Heredia, Caetano Veloso, entre muchos otros. Con Mercedes Sosa, especialmente, forjó un vínculo artístico de profundo respeto mutuo. Ella cantó sus canciones; él le dedicó palabras y afecto incondicional. "La Negra era un continente en sí misma", dijo Serrat cuando murió.

En sus colaboraciones hay una idea fuerte: la canción como red de afectos, como puente cultural. No es casual que muchos de los conciertos más emotivos de su carrera hayan sido en América, en teatros que temblaban de emoción colectiva, en ciudades que lo recibían como a uno de los suyos.

En Chile, Serrat vivió uno de los episodios más dolorosos de su carrera. En 1973, pocos días antes del golpe de Estado de Pinochet, ofreció un concierto en Santiago. Después del golpe, fue declarado "persona *non grata*" por el régimen. Sus canciones fueron vetadas. Sus discos, requisados. Pero su música siguió sonando en la clandestinidad. "Nunca más pude volver a Chile sin pensar en lo que vi y lo que supe. Allí, cantar era una forma de resistir con el alma."

En Argentina, su vínculo fue aún más profundo. Durante la dictadura (1976-1983), sus canciones circularon como agua subterránea. En 1983, con la llegada de la democracia, ofreció uno de los conciertos más emocionantes de su vida en el estadio de Ferrocarril Oeste. Casi 30.000 personas cantaban, lloraban, aplaudían. El país recuperaba la voz, y Serrat era parte de esa alegría colectiva. "Cuando vi aquellas caras en Buenos Aires, entendí que cantar no es un oficio: es una responsabilidad."

En México, fue recibido con fervor desde sus primeras visitas. Allí grabó discos, ofreció giras extensas y encontró un público fiel, transversal, multigeneracional. Ciudad de México, Guadalajara y Monterrey lo acogieron con devoción, pero también lo hicieron comunidades más pequeñas, en teatros provincianos donde su voz sonaba como la de un hermano mayor.

En todos esos países, Serrat fue más que un cantante extranjero. Fue parte del paisaje emocional. Parte de la memoria afectiva de varias generaciones. Muchos latinoamericanos han dicho alguna vez: "Serrat es de aquí". Y lo es, sin pasaporte ni documentos. "En América encontré un espejo: distinto, pero familiar. Me escuchaban con el corazón abierto, como quien recibe una carta que ya esperaba."

Capítulo 9: El arte de envejecer cantando

"He tenido una vida maravillosa.
La he cantado entera.
Ahora toca escuchar el silencio."

Joan Manuel Serrat

Joan Manuel Serrat ha vivido todas las etapas de un artista: el descubrimiento, el fervor popular, la censura, el exilio, el regreso, la madurez, el mito. Pero quizá una de sus etapas más singulares ha sido su vejez como cantor. Lejos de repetir fórmulas o recluirse en la nostalgia, supo envejecer con dignidad escénica, sin renunciar a la emoción ni al oficio. "No se puede cantar igual a los setenta que a los treinta. Pero sí se puede cantar con más verdad."

En sus conciertos más recientes, Serrat no buscó deslumbrar: buscó conmover. Abandonó las grandes producciones, los escenarios masivos, y apostó por el formato íntimo, casi confesional. El cantor maduro se convirtió en narrador de sí mismo. Hablaba entre canciones, compartía anécdotas, lanzaba chistes, evocaba ausencias. No era solo un recital: era una conversación emocional con su público.

La voz, más ronca, más templada, no era la de antes. Pero decía más. Cada verso tenía el peso del tiempo. Y el público —más cómplice que nunca— no exigía virtuosismo, sino autenticidad. Aplaudían los silencios, celebraban las pausas. Porque en esas pausas hablaba el hombre, no el mito.

"Uno no canta como quiere. Canta como puede. Pero también como debe." Serrat demostró que envejecer no es una retirada: es una forma distinta de presencia. La vejez no le quitó voz; le dio profundidad. Sus temas sobre la infancia, el amor, la pérdida, la memoria, adquirieron otra resonancia cuando eran cantados por alguien que los había vivido hasta el fondo.

En diciembre de 2021, Joan Manuel Serrat anunció públicamente su retirada de los escenarios. Lo hizo sin dramatismo, con la serenidad de quien ha cumplido su misión. Tituló su última gira "El vicio de cantar (1965–2022)", como quien confiesa una adicción que lo acompañó toda la vida. "No me voy por cansancio. Me voy porque el tiempo me ha dicho que es hora."

La gira fue una despedida afectuosa y lúcida. Comenzó en abril de 2022 y culminó el 23 de diciembre de ese mismo año en el Palau Sant Jordi de Barcelona, ante más de 15.000 personas. Fue, simbólicamente, en su ciudad natal, su barrio natal, su gente.

Durante ese año, Serrat recorrió España y América Latina como un juglar que regresa a cada aldea. No repitió un repertorio triunfalista. Escogió canciones con sentido, con historia, con huella. Cada concierto fue un acto de agradecimiento, no de homenaje. Él mismo lo dijo: "No quiero que me suban al pedestal. Quiero bajar del escenario con los pies en el suelo".

La gira fue un éxito rotundo: no solo por la asistencia masiva, sino por el tono de verdad que impregnó cada fecha. En Buenos Aires, el público lo despidió con lágrimas. En México, lo ovacionaron de pie durante minutos. En Madrid, miles de voces corearon *Mediterráneo* como si no quisieran dejarlo ir. "Me voy para no convertirme en una parodia de mí mismo. Pero no me voy del todo. Me quedo en las canciones."

La pregunta es incvitable: ¿qué queda cuando calla la voz de un artista que ha acompañado a generaciones enteras? La respuesta, en el caso de Serrat, es doble: queda la obra, y queda el ejemplo.

Su legado es inmenso: más de 30 discos de estudio, cientos de canciones, decenas de colaboraciones, poemas musicalizados, letras propias que ya pertenecen al acervo cultural hispanoamericano. Pero más allá del repertorio, lo que queda es una ética: la del arte hecho con verdad, sin cinismo, sin cálculo. "He cantado siempre desde donde estaba. No he fingido emociones. No he repetido lo que no sentía."

Serrat no se convirtió en estatua. Se despidió cantando. Eligió el momento, la forma y el tono. No esperó a que lo retiraran las circunstancias. Se fue con voz propia. Y eso, en un mundo de fama fugaz y permanencia artificial, es un acto de enorme integridad.

Queda también su lugar en la conciencia colectiva. En bodas, entierros, viajes, despedidas, su música sigue sonando. *Aquellas pequeñas cosas, Lucía, Penélope, Para la libertad, Mediterráneo*: todas esas canciones siguen diciendo algo que no pasa.

"Cuando calla la voz, queda la canción. Y cuando calla la canción, queda el eco." En tiempos donde la superficialidad domina la industria musical, la figura de Serrat representa una rareza: alguien que hizo de la canción una forma de pensamiento, de emoción, de belleza. Y esa rareza, ahora que su voz se ha hecho silencio, resuena aún más.

CUARTA PARTE –
EL LEGADO DEL POETA CANTOR

Capítulo 10: Un humanismo musical

"Yo no tengo ideología: tengo principios."
Joan Manuel Serrat

Desde sus primeras canciones hasta su despedida, Joan Manuel Serrat ha cultivado una forma de arte profundamente enraizada en el humanismo. Su obra no ha girado en torno a doctrinas ni consignas, sino a valores: la dignidad, la compasión, la justicia, la libertad, la memoria, la ternura. Es decir, lo esencialmente humano.

"No pretendo cambiar el mundo, pero sí decir que el mundo me duele", advirtió. Y a lo largo de más de cinco décadas de carrera, nunca se alistó en partidos, no hizo proselitismo, ni se dejó usar por el poder. Pero nunca fue neutral. Su ética fue una ética del cuidado: cuidar la palabra, cuidar al otro, cuidar la memoria. En cada canción hay un gesto moral, aunque no se nombre como tal.

En *Pueblo blanco*, denuncia el abandono rural sin panfleto. En *Disculpe el señor*, retrata la hipocresía del clasismo con cortesía sarcástica. En *Esos locos bajitos*, defiende la infancia con ternura implacable. En *Algo personal*, cuestiona el cinismo del poder disfrazado de sonrisa. "Creo que una canción puede ser honesta, aunque no tenga respuesta. La respuesta la busca quien la escucha."

Su ética no se traduce en grandes discursos, sino en gestos de coherencia: negarse a Eurovisión, musicalizar a poetas silenciados, cantar en catalán cuando estaba prohibido, no callarse ante la dictadura, renunciar al escenario antes que a la dignidad.

Serrat ha demostrado que se puede ser profundamente político sin caer en el panfleto, y profundamente poético sin huir del mundo.

Tres palabras atraviesan su cancionero como un hilo invisible: humor, ternura, resistencia. En sus letras no hay estridencia. Hay ironía, dulzura y firmeza. Como en los viejos juglares, su crítica viene envuelta en relato, en imagen, en verso. "He aprendido que el humor es una forma de mirar con distancia sin dejar de estar cerca."

Su humor nunca ha sido cruel, sino comprensivo. Se ríe de los poderosos sin escupir odio. Se ríe de sí mismo sin impostura. En canciones como *Cada loco con su tema* o *El titiritero*, el mundo aparece como un teatro absurdo donde todos fingimos ser lo que no somos.

La ternura, por su parte, es un eje central de su poética. *Aquellas pequeñas cosas* es una elegía a lo cotidiano. *Lucía* es una declaración de amor sin grandilocuencia. *Tu nombre me sabe a yerba* transforma la pasión en memoria.

Pero esa ternura no está reñida con la resistencia. Todo en él es acto de resistencia serena: cantar en catalán bajo la dictadura, musicalizar a Miguel Hernández, no caer en la nostalgia autocomplaciente. La belleza es, en su obra, una forma de decir no. Un no suave, pero firme. Poético, pero irrevocable. "He aprendido que la ternura también puede ser una forma de protesta."

Serrat ha sido una voz que no se ha dejado domesticar por ninguna ortodoxia. No lo fue por el poder político, pero tampoco por los purismos culturales o lingüísticos. Nunca aceptó que le dijeran qué debía cantar ni cómo debía hacerlo. "He cantado lo que me ha salido del alma, no del manual", dijo en una ocasión.

Su apuesta ha sido siempre la de la libertad del creador. Cantar en catalán y en castellano. Cantar a los poetas y también a los amantes. Cantar al obrero y a la flor. En una época de trincheras, eligió el puente. En una época de ruido, eligió la melodía.

"Nunca creí en los artistas que bajan línea. El arte no es trinchera: es horizonte." Esta falta de dogmatismo le ha permitido llegar a públicos muy distintos, a varias generaciones, a países con historias diversas. No ha sido la voz de un grupo, sino de muchos. Ha sido, como diría María Elena Walsh: "un cantor sin tiempo y sin frontera".

Serrat no ha querido ser profeta, ni líder, ni mártir. Ha querido ser alguien que canta con honestidad. Y eso, en un mundo de máscaras, es un acto profundamente revolucionario. Como él mismo dijo: "Si después de todo este tiempo alguien puede decir que una canción mía le hizo compañía en un mal momento, entonces ya valió la pena."

Capítulo 11: Serrat en la literatura y el pensamiento

"Me considero más un lector con guitarra que un poeta con micrófono."

Joan Manuel Serrat

Desde hace décadas, la figura de Joan Manuel Serrat ha trascendido el ámbito estrictamente musical para convertirse en objeto de estudio en múltiples disciplinas: literatura, sociología, historia cultural, filosofía política, filología, estudios sobre la canción de autor y memoria histórica. Su obra, vasta y rica, ha sido leída, analizada y debatida con creciente profundidad en universidades de España y América Latina.

Entre los estudios más destacados se encuentra el ensayo "Serrat, canción a canción" (Luis García Gil, 2010), que ofrece un recorrido riguroso por su discografía con claves biográficas, estéticas y sociales. En él se afirma: "Pocas trayectorias en la música española tienen una coherencia narrativa como la de Serrat: su evolución estilística es, a la vez, biografía y crónica de un país".

El musicólogo y ensayista José Ramón Pardo ha subrayado la capacidad de Serrat para "convertir lo particular en universal": "Lo que comienza como una canción de amor, acaba siendo una meditación sobre el tiempo y la memoria."

También en América Latina se han publicado estudios universitarios que lo abordan desde la perspectiva de la identidad cultural, como "El Mediterráneo y los Andes: canciones de Joan Manuel Serrat en la educación argentina" (UNLP, 2014), donde se analiza su uso pedagógico en clases de literatura, historia y formación ética.

Revistas académicas como *Quimera, Cuadernos Hispanoamericanos* y *Latinoamérica. Revista de estudios literarios* han dedicado artículos y dossiers monográficos a su obra, prestando especial atención a los discos dedicados a Antonio Machado y Miguel Hernández, así como a su tratamiento del lenguaje coloquial, el tono confesional y la imagen del tiempo como eje lírico.

"Serrat es el último poeta popular europeo en activo que sigue la tradición del juglar, el trovador y el cantor cívico", escribió el crítico literario Ignacio Echevarría.

Serrat ocupa un lugar singular, y sin precedentes, en la historia cultural de España: es un puente vivo entre la tradición poética, la canción popular y la conciencia ciudadana. Fue un artista fundamental durante la transición democrática, pero su presencia no se limitó a ese momento: ha sido un referente transversal para distintas generaciones.

"Serrat está en el ADN de la cultura española contemporánea", afirma el historiador Julián Casanova.

A diferencia de otros cantautores que representaron un tiempo o una ideología concreta, Serrat fue adoptado por públicos muy distintos. Su universalidad no se construyó sobre la neutralidad, sino sobre la honestidad. No fue un símbolo del poder cultural, sino de su disidencia elegante y persistente.

Ha sido reconocido con numerosos galardones, tanto por su obra artística como por su contribución cívica: el Premio Nacional de Músicas Actuales (2010), la Medalla de Oro al Mérito en las Bellas Artes (1995), el Premio Ondas, el Grammy Latino a la excelencia musical, y hasta el Doctorado Honoris Causa por la Universidad Complutense de Madrid (2014), donde el rector declaró: "Serrat ha hecho más por la educación sentimental, ética y estética de los españoles que muchos planes de estudio."

Su legado no está limitado a la canción: está inscrito en el imaginario cultural español del siglo XX y XXI. Como han escrito muchos: Serrat no fue un producto de su tiempo, sino un creador de tiempo.

¿Poeta que canta o cantor que escribe? La pregunta ha sido formulada muchas veces, tanto por periodistas como por académicos y lectores: ¿es Serrat un poeta que canta o un cantor que escribe? Él ha respondido con humildad: "Soy un tipo que escribe canciones. No me comparo con los poetas que admiro. Yo les puse música, no les robé el sitio."

Y, sin embargo, muchas de sus letras han sido incluidas en antologías poéticas. Textos como *Aquellas pequeñas cosas*, *Pueblo blanco*, *De vez en cuando la vida*, *Lucía* o *Mediterráneo* han sido leídos y enseñados como poesía. Algunas ediciones escolares en España y América Latina las incluyen junto a textos de Alberti o Benedetti.

La crítica más exigente ha reconocido que, sin ser "poeta" en el sentido académico, Serrat ha sabido incorporar la mirada poética al corazón de la canción popular. Sus letras están construidas con precisión métrica, ritmo interno, imágenes literarias, silencios estratégicos, símbolos compartidos. Su lirismo nunca es decorativo: es sentido, encarnado, narrado.

"No busqué escribir versos. Busqué decir cosas que no se podían decir sin música."

En esa fusión entre palabra y melodía, entre lectura y canto, reside su singularidad. Serrat es, en última instancia, un poeta oral, un heredero de la tradición trovadoresca, alguien que devolvió a la poesía la posibilidad de ser cantada en la plaza sin dejar de ser respetada en la academia.

Capítulo 12: Discografía comentada

"Cada disco es un diario.
Cada canción, una página escrita
con la tinta de lo vivido y lo soñado."

Joan Manuel Serrat

A lo largo de más de cinco décadas de carrera, Joan Manuel Serrat ha construido una obra discográfica vasta, coherente y profundamente influyente. Cada álbum suyo es un capítulo de su biografía emocional y un espejo de la historia reciente de España y América Latina. A continuación, se ofrece un recorrido comentado por sus discos más representativos, destacando canciones clave, colaboraciones memorables, ediciones especiales y curiosidades lingüísticas o temáticas.

1967 – ARA QUE TINC VINT ANYS

Primer LP oficial íntegramente en catalán. Con canciones como "Cançó de matinada", "Paraules d'amor" y la que da título al disco, "Ara que tinc vint anys", se consolidó como una de las voces fundamentales de la Nova Cançó. El álbum revela ya su vocación de unir poesía y música, ternura y compromiso.

1969 – Dedicado a Antonio Machado, poeta

Obra clave. Serrat musicaliza los versos de Antonio Machado con sensibilidad e innovación melódica. Canciones como "Cantares", "La saeta" o "Retrato" acercaron la poesía a nuevos públicos. Este álbum supuso una revolución estética: "Todo pasa y todo queda, pero lo nuestro es pasar", cantó Serrat y con ello convirtió el verso en emblema generacional.

1971 – Mediterráneo

Considerado su obra maestra. Un disco redondo donde cada canción es un mundo: "Lucía", "Aquellas pequeñas cosas", "La mujer que yo quiero", "Barquito de papel". La canción "Mediterráneo" ha sido elegida muchas veces como la mejor canción de la historia de la música popular en España. Es un himno de pertenencia, identidad y lirismo.

1972 – Miguel Hernández

Otro homenaje poético, esta vez al autor de *El rayo que no cesa*. Con temas como "Para la libertad", "Nanas de la cebolla" o "Elegía", Serrat abraza la poesía combativa y humanísima de Hernández. El disco fue censurado en España y se convirtió en un símbolo del exilio cultural.

1974 – PER AL MEU AMIC

Regreso al catalán con una producción cuidada y canciones intimistas. Incluye "Temps era temps", una reflexión melancólica sobre el paso del tiempo, y "Cançó per a en Josep Maria de Sagarra", homenaje al poeta barcelonés. Muestra la madurez compositiva de Serrat y su anclaje en la tradición lírica catalana.

1978 – 1978

Álbum conceptual con tono grave, marcado por el desencanto post-transición. La canción "Res no és mesquí", sobre poema de Joan Salvat-Papasseit, y "Blues en sol" revelan un enfoque musical más complejo. Es un disco menos comercial pero profundamente literario y existencial.

1981 – EN TRÁNSITO

Renovación de sonido con arreglos de jazz y letras más introspectivas. Destacan "Cada loco con su tema", "Hoy puede ser un gran día" (letra de Mario Benedetti), y "Fa vint anys que tinc vint anys". Un disco de tránsito vital y estilístico, con ironía y profundidad.

1984 – El sur también existe

Primera colaboración oficial con Mario Benedetti. Serrat pone música a poemas del uruguayo en un gesto de hermandad hispanoamericana. "Testamento", "Defensa de la alegría", "Currículum" y "La llamada" son joyas donde la literatura y la canción se funden con elegancia.

1996 – Nadie es perfecto

Álbum autobiográfico, lleno de ironía, ternura y autorreflexión. Incluye temas como "Nadie es perfecto", "Algo personal" (con punzante crítica política), y "Señora". Marca un tono más narrativo y confesional, con arreglos sobrios y letras punzantes.

2000 – Cansiones

Disco de versiones de clásicos latinoamericanos y españoles, reinterpretados desde su sensibilidad. Destacan "El reloj", "La flor de la canela", "María bonita". Es un homenaje a las canciones que lo formaron, interpretado con emoción y respeto.

2004 – Versos en la boca

Recopilación de poemas musicados de autores como Mario Benedetti, Luis Cernuda, José Agustín Goytisolo. "Secreta mujer",

"Puedo escribir los versos más tristes esta noche", o "Palabras para Julia" forman un cancionero literario donde la música no adorna sino interpreta.

2006 – Mô

Regreso a Menorca, su paraíso emocional. Álbum cálido y reflexivo, con canciones como "Temps", "Res no és mesquí" (regrabada), "Mô", y "Cançó de bressol". Una obra de madurez serena, donde el mar vuelve como símbolo de pertenencia.

Colaboraciones y rarezas

A lo largo de su carrera, Serrat ha colaborado con artistas tan diversos como Joaquín Sabina, Mercedes Sosa, Víctor Manuel, Ana Belén, Silvio Rodríguez, Pablo Milanés y Noa. El disco *Dos pájaros de un tiro* (2007), junto a Sabina, fue un fenómeno cultural y mediático. En él, reversionaron sus clásicos con humor, complicidad y nuevos arreglos.

Además, existen grabaciones menos conocidas: versiones en francés ("La Montagne"), en italiano, e incluso en hebreo, así como colaboraciones en discos colectivos, homenajes y grabaciones en vivo memorables como el *Palau Sant Jordi 1995* o *100x100 Serrat*.

Ediciones especiales y versiones en otros idiomas

Varios discos han tenido ediciones especiales con textos ampliados, documentales y versiones alternativas. El caso de *Mediterráneo* es emblemático: reeditado en múltiples formatos, incluyendo vinilo remasterizado y libro-disco con estudios literarios. También se han lanzado cajas recopilatorias con toda su obra en catalán, así como antologías temáticas (amor, infancia, política).

"Uno no se jubila del arte de conmover con una canción", afirmó Serrat en su despedida de los escenarios. Él no escribió para el olvido. Cada disco es un testimonio íntimo y colectivo, una forma de estar en el mundo. Su discografía no es solo música: es poesía cantada, historia susurrada, ética hecha melodía.

EPÍLOGO

Cuando el canto se vuelve memoria

Joan Manuel Serrat se despidió de los escenarios en 2022 con una gira titulada *El vicio de cantar*, pero su voz no se apagó. Como sucede con los grandes artistas, su legado no termina con el último aplauso, sino que se transforma: pasa de ser presencia a ser memoria, de ser canto vivo a ser eco permanente.

Hay canciones que no envejecen. "Mediterráneo", "Lucía", "Aquellas pequeñas cosas", "Para la libertad" o "Penélope" forman parte del inconsciente colectivo de varias generaciones. Y no solo en España: también en Argentina, en Chile, en México, en el Uruguay de Benedetti. Serrat se volvió lengua común.

Cuando canta, lo hace con una voz que no necesita alardes, pero que conmueve. "He intentado cantar con decencia, con alegría y con dignidad", dijo alguna vez. Y esa dignidad del que canta sin impostura, sin disfraz, es lo que lo convierte en referente. Porque Serrat nunca quiso ser un mito, y por eso se volvió inolvidable.

"Yo no he venido a vender mi alma / ni a mendigar la eternidad." (J.M. Serrat)

La memoria de Serrat no se limita a sus discos ni a sus versos. Está también en la forma en que su música acompañó a un país entero en sus transformaciones. Fue la voz de una España que despertaba, de una Cataluña que resistía, de una América Latina que soñaba con justicia. Y también, claro, la voz del amor cotidiano, del desengaño amoroso, del humor vital.

Ahora que la guitarra descansa y los escenarios han bajado el telón, queda lo más profundo: la obra. Las palabras, la música, los versos prestados y los propios. Queda el recuerdo de un hombre que cantó "como quien respira", y que hizo del arte un ejercicio de humanidad.

Serrat supo irse como vivió: sin estruendos, con elegancia, mirando al público con gratitud. No necesitó discursos pomposos. Bastó una última canción, una reverencia, una sonrisa. El silencio que quedó después no fue vacío, sino lleno de resonancias.

"Uno termina sabiendo que lo importante no es estar, sino haber estado." (J.M. Serrat)

Y sí, Serrat estuvo. Estuvo en las casas, en las radios, en las plazas, en los teatros. Estuvo en los momentos felices y en los duros. Estuvo, y eso basta para que nunca se vaya del todo.

Porque mientras haya alguien que escuche "Paraules d'amor", mientras un joven descubra a Machado a través de su voz, mientras un abuelo le cante "Penélope" a su nieta, Serrat seguirá ahí: cantando, aunque en silencio; hablando, aunque ya no esté.

APÉNDICES

Cronología de vida y obra de Joan Manuel Serrat

1943

Nace el 27 de diciembre en el barrio del Poble-sec, una zona obrera de Barcelona golpeada por la posguerra. Hijo de un anarquista catalán y una ama de casa aragonesa, crece en una familia trabajadora que vive de forma modesta. De su infancia dice: "No teníamos mucho, pero teníamos canciones". Esa mezcla de culturas y carencias marcará su sensibilidad artística.

1950–1960

Se cría en un entorno donde la radio es ventana al mundo. Escucha copla, bolero, *chanson* francesa, música italiana y la incipiente música anglosajona. A los doce años aprende sus primeros acordes con una guitarra prestada. El canto será desde entonces su forma de pensar el mundo. Su padre, carpintero y militante, le inculca el amor por la palabra libre; su madre, el gusto por la dulzura popular.

1963–1965

Ingresa en la Universidad de Barcelona para estudiar Ingeniería Técnica Agrícola y luego Arquitectura Técnica, pero pronto abandona los estudios. La música lo llama con fuerza. Se une a los *Setze Jutges*, el colectivo de la *Nova Cançó* que buscaba recuperar el catalán como lengua viva a través de la canción. Su primer EP incluye *Una guitarra*, que ya anuncia su poética.

1965

Publica *Ara que tinc vint anys*, un disco que se convierte en manifiesto generacional. En él mezcla ternura y rebeldía, ironía y afecto. El joven Serrat empieza a ser una voz propia en la Cataluña franquista.

1968

Tras ser elegido para representar a España en Eurovisión, exige cantar en catalán. La negativa del régimen franquista le lleva a retirarse del concurso. Las autoridades responden con censura, persecución y retirada de sus discos. Es un momento clave: se convierte en símbolo de resistencia y en héroe cultural involuntario. "Me vetaron, y eso me convirtió en más libre de lo que imaginaban", diría después.

1969

Graba *Dedicado a Antonio Machado, poeta*, su primer disco íntegramente en castellano con textos ajenos. Lejos de representar un retroceso, marca una ampliación de horizontes: Machado es puente entre literatura y canción, y Serrat, lector voraz, encuentra ahí un cauce natural. El disco incluye *Cantares*, que lo consagra en todo el país.

1971

Publica *Mediterráneo*, considerado uno de los mejores discos en lengua española del siglo XX. Es un álbum de madurez precoz, donde la lírica, la nostalgia y la identidad mediterránea se funden en canciones como *Lucía, La mujer que yo quiero* o *Aquellas pequeñas cosas*. La crítica coincide: es el cenit de un estilo propio.

1972

Recibe amenazas tras unas declaraciones críticas con el régimen y se exilia voluntariamente en América Latina. La dictadura lo proscribe. Se instala en México, donde graba y actúa. En esos años se teje una relación profunda con el continente: "En América encontré otra patria: la del afecto y la herida compartida".

1974

Regresa al catalán con el disco *Per al meu amic*, una de sus obras más personales. Su versatilidad entre lenguas no es cálculo, sino fidelidad doble: "El castellano me dio la poesía; el catalán, la infancia".

1975–1977

Con la muerte de Franco, vuelve a España. Se convierte en símbolo de la transición democrática. Su figura pública gana peso, pero nunca se convierte en político: prefiere la voz del cantor con conciencia. Participa en actos culturales, habla de reconciliación, y sigue grabando.

1981

Publica *En tránsito*, disco introspectivo, donde combina una madurez lírica con sonoridades contemporáneas. Muestra un Serrat más sereno, que ha sobrevivido al fervor ideológico sin renunciar a sus convicciones.

1984

Lanza *El sur también existe*, con letras del poeta uruguayo Mario Benedetti. El álbum se graba con músicos argentinos en plena posdictadura. Es un homenaje a América Latina y un acto de ternura política. Benedetti afirma: "Serrat canta como si leyera con el corazón".

1996

Edita *Nadie es perfecto*, disco donde el artista se muestra irónico, autorreflexivo y aún comprometido. Incluye joyas como *Secreta mujer* o *Le llamaban Manuel*, sobre un obrero anónimo que resume toda una clase social.

2000

Publica *Cansiones*, donde rinde tributo a autores esenciales para su vida: Parra, Yupanqui, Brassens, Brel. Es un acto de gratitud, pero también una forma de decir que su arte no nace de la nada.

2006

Graba *Mô*, un disco íntimo y melancólico dedicado a Menorca. Es una obra madura, de colores suaves y melodías precisas. El Mediterráneo vuelve a ser hogar y símbolo.

2012

Realiza una gira junto a Joaquín Sabina, *Dos pájaros de un tiro*, que tiene enorme éxito en España y América. Se repite en 2017 como *No hay dos sin tres*. La complicidad entre ambos desborda el escenario y convierte la música en fiesta compartida.

2022

Anuncia su despedida de los escenarios con la gira *El vicio de cantar*, que lo lleva por toda España y América Latina. En entrevistas afirma: "Me voy para no volver, pero no para olvidarme de ustedes". Se retira con gratitud, sin dramatismo, dejando tras de sí uno de los legados más vastos y queridos de la canción hispánica.

Selección de letras comentadas

1. "Mediterráneo"
(*Mediterráneo*, 1971)

> "Quizá porque mi niñez
> sigue jugando en tu playa,
> y escondido tras las cañas
> duerme mi primer amor..."

La canción emblemática de Serrat es también una de las más célebres de la música española del siglo XX. Su comienzo es ya una declaración lírica: la infancia y el amor como raíces del alma. El "Mediterráneo" no es solo un mar: es patria emocional, memoria, herida dulce. La melodía, rica en matices armónicos, se despliega como una ola serena. En ella confluyen la evocación, la elegía y la esperanza. Serrat se despide del mundo con un deseo: "que me entierren en la playa con una guitarra". Es una síntesis poética de su vida: canto, tierra, mar y amor.

2. "Para la libertad"
(*Miguel Hernández*, 1972)

> "Para la libertad
> sangro, lucho, pervivo..."

La musicalización de los versos de Miguel Hernández es uno de los momentos más intensos de Serrat. Aquí, la poesía se convierte en canto de resistencia. La voz de Hernández, muerto en prisión en 1942, revive con fuerza en la guitarra de Serrat. La canción no busca adornos: es sobria, recia, necesaria. Una elegía combativa que emociona y convoca. Como él mismo dijo: "Cantar a Miguel era un deber de amor y memoria".

3. "CANTARES" (*DEDICADO A ANTONIO MACHADO, POETA*, 1969)

"Caminante, son tus huellas
el camino, y nada más..."

Serrat convirtió este poema de Machado en una canción eterna. La versión musical no resta solemnidad al poema, sino que lo universaliza aún más. La melodía, simple y nostálgica, se convierte en un himno del camino y del tiempo. Al final, añade versos propios que se funden con los de Machado sin romper el tono: "Todo pasa y todo queda, pero lo nuestro es pasar...". Es un raro caso donde el cantautor no adapta: dialoga, continúa, honra.

4. "LUCÍA" (*MEDITERRÁNEO*, 1971)

"Lucía, Lucía,
tan bella y tan melancólica..."

Una de las canciones de amor más conmovedoras del repertorio en español. Serrat no dice mucho de Lucía: no sabemos cómo era, ni cuándo fue. Pero cada frase transmite una ausencia infinita: "no hay nada más bello que lo que nunca he tenido, nada más amado que lo que perdí". En esa frase, tan sencilla y perfecta, se condensa la herida universal del amor perdido. La música acompaña el lamento con una orquestación delicada que nunca eclipsa la voz.

5. "Aquellas pequeñas cosas" (*Mediterráneo*, 1971)

> "Uno se cree
> que las mató el tiempo y la ausencia,
> pero su tren
> vendió boleto de ida y vuelta"

La canción es un poema a las migas de la vida: objetos, recuerdos, gestos. La ternura y la melancolía se entrelazan en este tema breve, casi susurrado. Serrat capta el misterio del alma humana: aquello que creíamos olvidado, regresa con una mirada, un olor, una canción. La letra es minimalista, pero profundamente filosófica: "te hacen que lloremos cuando nadie nos ve".

6. "Penélope" (*Single, 1969*)

> "Penélope,
> con su bolso de piel marrón
> y sus zapatos de tacón
> y su vestido de domingo"

Inspirado libremente en la Odisea, Serrat convierte a Penélope en una figura moderna de la espera. La canción no solo reescribe un mito: lo humaniza. Penélope ya no teje, sino que camina entre andenes. La canción explora el desencuentro, el paso del tiempo y la fidelidad inútil. "Ella le esperó en silencio en la estación" es una imagen tan visual como dolorosa.

7. "SEÑORA" (*LA PALOMA*, 1973)

"No, señora, no soy su hijo,
ni su novio, ni su amante"

Una de las canciones más irónicas y polémicas de su época. Serrat se enfrenta al poder burgués, a la hipocresía social y al clasismo. La letra es un desafío, una negación identitaria, una toma de postura. En plena dictadura, esta canción fue leída como crítica a una España oficial, altiva, paternalista. Su tono teatral y la construcción del diálogo ficticio convierten la canción en un monólogo social de gran fuerza escénica.

8. "ESOS LOCOS BAJITOS" (*EN TRÁNSITO*, 1981)

"Nada ni nadie
puede impedir que sufran,
que las agujas avancen
en el reloj de la vida"

Serrat dedica esta canción a los hijos, pero también a la infancia como territorio sagrado. Habla con ternura, sin caer en la cursilería. Es una de sus letras más citadas por padres, docentes y poetas. Con realismo y cariño, retrata el aprendizaje de la vida, y el lugar del adulto que acompaña sin imponer.

9. "Hoy puede ser un gran día" (*En tránsito*, 1981)

"Plantéatelo así:
hoy puede ser un gran día,
duro con él"

Una canción vitalista, llena de energía, pero con el sarcasmo típico de Serrat. No es optimismo ingenuo, sino voluntad de resistencia ante lo cotidiano. Esta letra se ha vuelto proverbial, utilizada en campañas, escuelas, discursos. Su tono directo, casi de consigna, la convierte en una de las más populares de su repertorio.

10. "La mujer que yo quiero" (*Mediterráneo*, 1971)

"La mujer que yo quiero
no necesita
bañarse cada noche en agua bendita"

Una letra que desafía los estereotipos de la mujer ideal. Irónica, tierna, subversiva. Serrat traza un retrato amoroso alejado de la perfección normativa: su mujer "anda suelta por la calle", "no quiere ser princesa". En plena España franquista, la canción fue un canto a la libertad femenina, un homenaje a las mujeres reales.

BIBLIOGRAFÍA

AGUILERA, EVA (2006). *Serrat, entre el mito y la canción.* Barcelona: Ediciones Luciérnaga.

ALBERCA, MANUEL (2007). *El pacto ambiguo. De la autobiografía a la autoficción.* Madrid: Fondo de Cultura Económica.

APARICIO, ALBERTO (2014). *La Nova Cançó: canción, política y memoria histórica en Cataluña.* Madrid: Ediciones Akal.

AYMAMÍ, JAUME (1998). *Joan Manuel Serrat: entre la canción y la vida.* Barcelona: Edhasa.

CABALLÉ, ANNA (2019). *El saber biográfico: teoría y práctica de la biografía literaria.* Madrid: Cátedra.

CANDEL, FRANCESC (1964). *Els altres catalans.* Barcelona: Edicions 62.

CASAS, QUIM (2003). "El Mediterráneo de Serrat: el arte del arraigo", en *Revista de Cultura Contemporánea*, n.º 27, pp. 55–63.

CASTRO, JOSÉ LUIS (2005). *Cantar desde el compromiso: los cantautores y la transición española.* Sevilla: Renacimiento.

CAVALLÉ, MÀRIUS (2002). *L'obra poètica de Joan Manuel Serrat.* Barcelona: Publicacions de la Universitat de Barcelona.

CEBRIÁN, JUAN LUIS (2018). *Primera página: vida de un periodista 1943–1988.* Madrid: Galaxia Gutenberg.

FERNÁNDEZ, JAVIER (2007). *Palabra de Serrat: entrevista a fondo.* Barcelona: RBA Libros.

GARCÍA, JOSÉ MIGUEL (2000). "Serrat y Machado: la canción como forma de lectura poética", en *Cuadernos Hispanoamericanos*, n.º 618, pp. 89–97.

Gómez, Carlos Javier (2011). *Joan Manuel Serrat: un compromiso con la palabra*. Valencia: Tirant Humanidades.

Goytisolo, Juan (1979). *España y sus ejidos*. Barcelona: Seix Barral.

Guerrero, Sebastián (1991). *La voz de la resistencia: la canción comprometida en España (1960–1980)*. Madrid: Ediciones del Oriente y del Mediterráneo.

Llopis, José Vicente (2013). *Serrat: biografía de una voz libre*. Madrid: La Esfera de los Libros.

Marina, José Antonio (2012). *Biografía del silencio*. Barcelona: Ariel.

Martín, Pedro (2010). *La lengua en la transición: historia sociolingüística del español*. Madrid: Alianza Editorial.

Morán, Gregorio (1993). *El cura y los mandarines. Historia no oficial del pensamiento español 1942–2014*. Barcelona: Akal.

Munné, Joan (2016). *Nova Cançó: el canto catalán de la resistencia*. Girona: Documenta Universitària.

Ortega, Ángel (2009). "Serrat, testimonio y memoria", en *Ínsula*, n.º 742, pp. 22–27.

Pardo, Javier (2020). *El Mediterráneo en la cultura popular española: historia simbólica de un mar*. Valencia: Universitat de València.

Pérez de Armiñán, Juan (1985). *La canción protesta en España*. Madrid: Ediciones Júcar.

Pericay, Miquel (2001). *Joan Manuel Serrat: una vida cantada*. Barcelona: Columna Edicions.

Pujol, Enric (2015). *Catalunya: història d'una nació*. Barcelona: Angle Editorial.

RIBAS, JOSEP MARIA (1994). *Crónica de la Nova Cançó.* Barcelona: Edicions 62.

RIERA, CARME (2015). *El canto y el exilio: testimonios literarios del siglo XX.* Madrid: Taurus.

ROMERO, VICENTE (2018). *La voz del compromiso: Serrat, Sabina y los cantautores hispanos.* Sevilla: Universidad de Sevilla.

SÁNCHEZ BIOSCA, VICENTE (2006). *Censura: historia y actualidad.* Valencia: Biblioteca Nueva.

SANTOS, ANTONIO (2007). *Joan Manuel Serrat. Algo personal.* Madrid: Fundación Autor / SGAE.

SERRAT, JOAN MANUEL (2003). *Cada loco con su tema.* Madrid: Ediciones B.

SERRAT, JOAN MANUEL (2008). *Discursos, pensamientos y canciones (1965–2008).* Compilación de entrevistas y textos. Barcelona: Editorial Global Rhythm Press.

TÉBAR, JAVIER (2021). *Música y dictadura: la cultura popular en la España franquista.* Madrid: Catarata.

VALVERDE, FERNANDO (2016). *Serrat, memoria y canción.* Granada: Ediciones Dauro.

YUBERO, CARMEN (2019). "De Machado a Serrat: la transmisión poética intergeneracional", en *Hispanófila*, n.º 187, pp. 41–55.

**GRACIAS POR COMPRAR
ESTE LIBRO.
DESCUBRE MÁS EN
NUESTRA WEB:**